VOYAGE
EN SILÉSIE.

Se vend, à Paris,
Chez Didot l'aîné, rue du Pont de Lodi, derriere le quai des Augustins;
Déterville, rue du Battoir;
Merlin, rue du Hurepoix;
Plassan, rue de Vaugirard.

VOYAGE
EN SILÉSIE,

PAR

JACQUES-HENRI-BERNARDIN
DE SAINT-PIERRE.

.... Miseris succurrere disco.

VIRG.

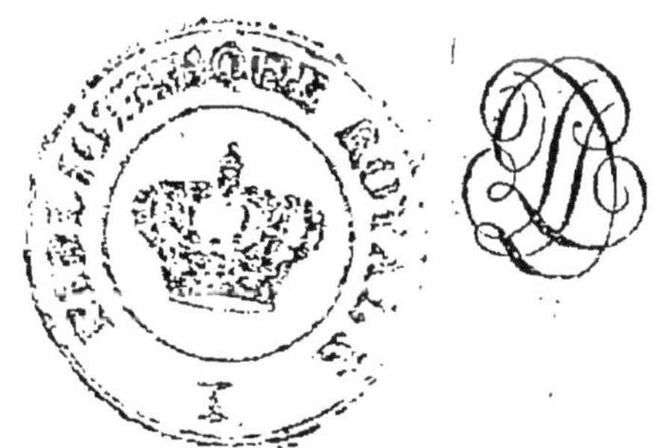

A PARIS,

DE L'IMPRIMERIE DE P. DIDOT L'AÎNÉ.

M. DCCCVII.

AVERTISSEMENT.

J'AI écrit ce petit voyage lorsque j'étais professeur de morale à l'école normale ; il est le résultat de plusieurs conversations que j'avais souvent entendues dans mes courses lointaines. Mon but était d'inspirer aux hommes, qui sont les mêmes quant au fond, de la tolérance pour leurs opinions si diverses. Je n'eus pas occasion de le lire en public, l'école normale ayant trop peu duré ; mais j'en fis l'essai dans quelques sociétés particulieres et même dans un lycée; par-tout il me parut qu'il faisait plaisir. Enfin, je l'ai proposé dernièrement à l'Académie Française de l'Institut, pour terminer sa séance publique de la distribution des prix de poésie, dont le sujet était l'éloge des voyages et des voyageurs. Il a été agréé de mes confreres, et ensuite applaudi de mes auditeurs. Cette lecture a eu lieu au palais des sciences et des arts, ci-devant, college des Quatre-Nations, le 1er avril 1807, lorsque Napoléon repoussait loin de nos frontieres les peuples du se font tour-à-tour les trompettes des divers partis dont ils réveillent et exasperent les haines ; ils soufflent le feu de la discorde au milieu de la paix ; ils sont aujourd'hui parmi nous ce qu'étaient des orateurs sans principe et sans frein chez les Grecs et chez les Romains. Notre derniere révolution ne l'a que trop prouvé.

Pour mettre le plus grand nombre de mes lecteurs à portée de juger d'une partie de leurs excès, j'imprimerai incessamment à la tête d'une nouvelle édition in-18, de Paul et Virginie, la portion la plus intéressante du préambule de la grande édition du même ouvrage que j'ai publiée l'année passée ; ils y trouveront d'ailleurs quelques idées sur la nature, qui les dédommageront du triste tableau des désordres de nos sociétés.

Sans doute je me prépare pour moi-même de plus douces et de plus sublimes spéculations ; j'espere bientôt développer quelques harmonies de ce vaste ensemble, dont je n'ai présenté, au milieu des orages de ma vie, que des études morcelées ; je m'en occuperai au sein de ma famille et des campagnes, à la faveur des bienfaits dont m'a comblé cette famille illustre que la providence semble n'avoir élevé au-dessus des trônes que pour en réformer les abus, et dont le chef auguste, couronné à la fois de laurier et d'olivier, n'étend si loin l'empire terrible de la guerre, que pour raffermir à jamais celui de la paix.

VOYAGE EN SILÉSIE.

Lorsque je revenais de Russie en France, je me trouvai avec un bon nombre de voyageurs de différentes nations, sur le chariot de poste qui mene de Riga à Breslau. Nous étions rangés deux à deux, assis sur des bancs de bois, nos malles sous nos picds, le ciel sur nos têtes, voyageant jour et nuit, exposés à toutes les injures de l'air, et ne trouvant dans les auberges de la route que du pain noir, de l'eau de vie de grain, et du café. Telle est la maniere de voyager en Russie, en Prusse, en Pologne, et dans la plupart des pays du nord. Après avoir traversé, tantôt de grandes forêts de sapins et de bouleaux, tantôt des campagnes sablonneuses, nous entrâmes dans des montagnes couvertes de hêtres et de chênes, qui séparent la Pologne de la Silésie.

Quoique mes compagnons de voyage sussent le français, langue aujourd'hui universelle en Europe, ils parlaient fort peu. Un matin au lever de l'aurore nous

nous trouvâmes sur une colline auprès d'un château situé dans une position charmante. Plusieurs ruisseaux circulaient à travers ses longues avenues de tilleuls, et formaient, au bas, des isles plantées de vergers au milieu des prairies. Au loin, autant que la vue pouvait s'étendre, nous appercevions les riches campagnes de la Silésie, couvertes de moissons, de villages, et de maisons de plaisance arrosées par l'Oder, qui les traversait comme un ruban d'argent et d'azur. « Oh! « la belle vue! s'écria un peintre « italien qui allait à Dresde; il

« me semble voir le Milanais ».
Un astronome de l'académie de Berlin se mit à dire. « Voilà de « grandes plaines ; on pourrait y « tracer une longue base, et par « ces clochers avoir une belle « suite de triangles ». Un baron autrichien, souriant dédaigneusement, répondit au géometre ; « Sachez que cette terre est des plus « nobles d'Allemagne ; tous ces « clochers que vous voyez là-bas « en dépendent ». « Cela étant, « repartit un marchand suisse, les « habitants y sont donc serfs. Par « ma foi, c'est un pauvre pays ».
Un officier hussard prussien, qui

fumoit sa pipe, la retira gravement de sa bouche, et se mit à dire d'un ton ferme. « Personne « ici ne releve que du roi de « Prusse. Il a délivré les Silésiens « du joug de l'Autriche et de ses « nobles. Je me souviens qu'il « nous a fait camper ici il y a « quatre ans. Oh, les belles cam- « pagnes pour donner une ba- « taille! j'établirais mes magasins « dans le château, et mon artille- « rie sur ses terrasses. Je borde- « rais la riviere avec mon infan- « terie; je mettrais ma cavalerie « sur les ailes, et avec trente mille « hommes j'attendrais ici toutes

« les forces de l'empire. Vive « Frédéric »! A peine s'était-il remis à fumer, qu'un officier russe prit la parole. « Je ne vou-« drais pas, dit-il, vivre dans un « pays comme la Silésie, ouvert à « toutes les armées. Nos Cosaques « l'ont ravagée dans la derniere « guerre, et sans nos troupes ré-« glées qui les continrent, ils n'y « auraient pas laissé une chau-« miere debout. C'est encore pis à « présent. Les paysans peuvent y « plaider contre leurs seigneurs. « Les bourgeois y ont même de « plus grands privileges dans leurs « municipalités. J'aime mieux les

« environs de Moscou ». Un jeune étudiant de Leipsick répondit aux deux officiers : « Messieurs, « comment pouvez-vous parler « de guerre dans des lieux si « charmants ? Permettez-moi de « vous apprendre que le nom « même de Silésie, vient de *Cam-* « *pi Elizei*, Champs Eliziens. « Il vaut mieux s'écrier avec Vir- « gile,

O Lycoris, hîc tecum consumerer ævo.

« ô Lycoris ! c'est ici, qu'avec toi, « je voudrois être dissous par le « temps ». A ces mots prononcés avec chaleur, une aimable marchande de modes de Paris, que l'ennui du voyage avait endormie, se réveilla, et à la vue de ce beau paysage, s'écria à son tour: « Oh le délicieux pays! il n'y « manque que des Français. Qu'a- « vez-vous à soupirer, dit-elle à « un jeune rabin qui était à ses « côtés »? « Voyez, dit le docteur « juif, cette montagne là-bas avec « sa pointe, elle ressemble au « mont Sinaï ». Tout le monde se mit à rire. Mais un vieux ministre luthérien d'Erfurt, en Saxe, fronça le sourcil, et dit en colere, « La Silésie est une terre « maudite, puisque la vérité en

« est bannie. Elle est sous le joug « du papisme. Vous verrez à l'en- « trée de Breslau le palais des an- « ciens ducs de Silésie, qui sert « aujourd'hui de college aux Jé- « suites, quoique chassés de toute « l'Europe ». Un gros marchand hollandais, pourvoyeur de l'armée prussienne dans la derniere guerre, lui repartit. « Comment « pouvez-vous appeler maudite, « une terre couverte de tant de « biens? Le roi de Prusse a fort « bien fait de conquérir la Silé- « sie; c'est le plus beau fleuron « de sa couronne. J'y aimerais « mieux un arpent de jardin qu'un

« mille quarré dans la marche sa-
« blonneuse de Brandebourg ».
Nous arrivâmes ainsi disputant à Breslau, où nous mîmes pied à terre dans une fort belle auberge. En attendant le dîner on parla du maître du château. « Le
« ministre saxon assura que c'é-
« tait un scélérat, qui comman-
« dait l'artillerie prussienne au
« siege de Dresde; qu'il avait écra-
« sé avec des bombes empoison-
« nées cette malheureuse ville,
« dont la moitié des maisons était
« encore abattue, et qu'il n'avait
« acquis sa terre que par des
« contributions levées en Saxe ».

« Vous vous trompez, répondit le « baron, il ne l'a eue que par son « mariage avec une comtesse au- « trichienne, qui s'est mésalliée « en l'épousant. Sa femme est au- « jourd'hui bien à plaindre. Au- « cun de ses enfants ne pourra « entrer dans les chapitres nobles « de l'Allemagne, car leur pere « n'est qu'un officier de fortune ». « Ce que vous dites là, reprit le « hussard prussien, lui fait hon- « neur, et il en serait comblé au- « jourd'hui en Prusse, s'il ne l'a- « vait perdu en sortant à la paix « du service du roi. C'est un offi- « cier qui ne peut plus se mon-

« trer ». L'hôte, qui faisait mettre le couvert, dit, « Messieurs, on « voit bien que vous ne connaissez « pas le seigneur dont vous par-« lez; c'est un homme aimé et « considéré de tout le monde : il « n'y a pas un mendiant dans ses « domaines. Quoique catholique, « il secourt les pauvres passants « de quelque pays et religion « qu'ils soient. S'ils sont Saxons, « il les loge et les nourrit pen-« dant trois jours, en compensa-« tion du mal qu'il a été obligé « de leur faire pendant la guerre. « Il est adoré de sa femme et de « ses enfants ». « Apprenez, ré-

« pondit à l'hôte le ministre lu-
« thérien, qu'il n'y a ni charité
« ni vertu dans sa communion.
« Tout son fait est pure hypo-
« crisie, comme les vertus des
« payens et des papistes. »

Nous avions parmi nous plusieurs catholiques qui allaient élever une terrible dispute, lorsque l'hôte s'étant mis à la principale place de la table, suivant l'usage de l'Allemagne, fit servir le dîner. Alors on garda un profond silence, et chacun se mit à boire et à manger en voyageur. On fit fort bonne chere. On servit au dessert des pêches, des raisins, et des melons. L'hôte dit alors à sa femme d'apporter, en attendant le café, quelques bouteilles de vin de champagne dont il voulait régaler la compagnie en l'honneur, dit-il, du seigneur du château auquel il avait des obligations particulieres. Les bouteilles étant arrivées, il les posa auprès de la dame française, en la priant d'en faire les honneurs. La joie parut alors sur tous les visages, et la conversation se ranima. Ma compatriote présenta à l'hôte le premier verre de son vin; en lui disant qu'on était aussi bien traité chez lui que dans les meilleures auberges de Paris, et qu'elle n'avait point connu de Français qui le surpassât en galanterie. L'officier russe convint qu'il y avait plus de fruits à Breslau qu'à Moscou; il compara la Silésie à la Livonie pour la fertilité, et il ajouta que la liberté des paysans rendait un pays mieux cultivé, et leur seigneur plus heureux. L'astronome observa que Moscou étoit à-peu-près à la même latitude que Breslau, et par conséquent susceptible des mêmes productions. L'officier hussard dit, « En vérité je trou-« ve que le seigneur du château, sur

« les terres duquel nous avons « passé, a fort bien fait de quitter « le service. Après tout, notre « grand Frédéric, après avoir fait « glorieusement la guerre, passe « une partie de son temps à jar-« diner et à cultiver lui-même « des melons à Sans-Souci ». Tout le monde fut de l'avis du hussard. Le ministre Saxon même se mit à dire que la Silésie était une belle et bonne province, que c'était dommage qu'elle fût dans l'erreur, mais qu'il ne doutait pas que la liberté de conscience étant établie dans tous les états du roi de Prusse, tous les habitants, et sur-tout le maître du château, ne se rendissent à la vérité, et n'embrassassent la confession d'Augsbourg : car, ajouta-t-il ; « Dieu ne laisse point une « bonne action sans récompense, « et c'en est une qu'on ne peut « trop louer dans un militaire « qui a fait du mal aux gens de « mon pays pendant la guerre, de « leur faire du bien pendant la « paix ». L'hôte alors proposa de boire à la santé de ce brave seigneur, ce qui fut exécuté aux applaudissements de toute la compagnie.

Il n'y eut pas jusqu'au jeune

rabin qui ne voulût aussi trinquer avec elle. Il dînoit seul et tristement, de ses provisions, dans un coin de la salle, suivant la coutume des Juifs en voyage; il se leva et vint présenter sa grande tasse de cuir à la dame, qui la lui remplit jusqu'aux bords. Il la vuida d'un seul trait: alors elle lui dit: que vous en semble, docteur? La terre qui produit de si bon vin ne vaut-elle pas bien la terre promise? Sans doute, madame, répondit-il d'un air riant, sur-tout quand ce bon vin est versé par d'aussi jolies mains. Souhaitez donc, lui dit-elle, que votre messie naisse en France, afin qu'il y rassemble vos tribus de toutes les parties du monde. Plût à Dieu! repartit l'israélite, mais auparavant il faudrait qu'il fît la conquête de l'Europe, où nous sommes presque par-tout si misérables. Il faudrait que ce fût un nouveau Cyrus, qui en forçât les différents peuples de vivre en paix entre eux et avec le genre humain. Dieu vous entende! s'écrierent la plupart des convives.

J'admirais la variété d'opinions de tant de personnes qui disputaient avant de se mettre à table, et qui étaient d'un si parfait accord lorsqu'elles en sortaient. J'en conclus que l'homme était méchant dans le malheur, car c'en est un pour bien des gens d'être à jeun; et qu'il était bon dans le bonheur, car quand il a bien dîné, il est en paix avec tout le monde, comme le sauvage de Jean-Jacques.

J'en tirai une autre conséquence plus importante, c'est que toutes ces opinions qui avaient pour la plupart ébranlé la mienne tour-à-tour, venaient uniquement des éducations différentes de mes compagnons de voyage, et je ne doutai pas que chacun d'eux ne retournât à la sienne quand il serait de sang-froid.

Desirant fixer mon jugement sur les sujets de la conversation, je m'adressai à un voisin qui avait gardé constamment le silence, et m'avoit paru d'une humeur toujours égale. « Que pensez-vous, « lui dis-je, de la Silésie, et du « seigneur du château. — La Silésie, me répondit-il, est un « fort bon pays, puisqu'elle produit des fruits en abondance, « et le seigneur du château est un « excellent homme, puisqu'il fait « du bien à tous les malheureux. « Quant à la maniere d'en juger,

« elle differe dans chaque indivi-
« du, suivant sa religion, sa na-
« tion, son état, son tempéra-
« ment, son sexe, son âge, la sai-
« son de l'année, l'heure même
« du jour, et sur-tout d'après l'é-
« ducation qui donne la premiere
« et la derniere teinture à nos ju-
« gements; mais quand on rap-
« porte tout au bonheur du genre
« humain, on est sûr de juger
« comme Dieu agit. C'est sur la
« raison générale de l'univers que
« nous devons régler nos raisons
« particulieres, comme nous ré-
« glons nos montres sur le soleil. »

Depuis cette conversation j'ai

tâché de juger de tout comme ce philosophe ; j'ai trouvé même qu'il en était de notre globe et de ses habitants comme de la Silésie; chacun s'en fait une idée d'après son éducation. Les astronomes n'y voient qu'un globe fait en fromage de Hollande, qui tourne autour du soleil avec quelques newtoniens ; les militaires, des champs de bataille et des grades; les nobles, des terres seigneuriales et des vassaux ; les prêtres, des communiants et des excommuniés ; les marchands, des branches de commerce et de l'argent; les peintres, des paysages, les épicuriens, des paradis terrestres. Mais le philosophe le considere par ses relations avec les besoins des hommes, et les hommes eux-mêmes par celles qu'ils ont entre eux.

FIN.

www.ingramcontent.com/pod-product-compliance
Ingram Content Group UK Ltd.
Pitfield, Milton Keynes, MK11 3LW, UK
UKHW020223200726
13856UKWH00004B/1572